LA REVOLUCIÓN INDUSTRIAL, MIGRACIÓN E INMIGRACIÓN

Nick Christopher

Traducido por Fatima Rateb

PowerKiDS press™

NEW YORK

Published in 2020 by The Rosen Publishing Group, Inc.
29 East 21st Street, New York, NY 10010

Translator: Fatima Rateb
Editor: Katie Kawa
Book Design: Katelyn E. Reynolds

Photo Credits: Cover, pp. 9, 10, 13 (top), 15, 17, 19 courtesy of the Library of Congress; p. 5 MPI/Getty Images; p. 6 Hulton Archive/Getty Images; p. 7 ArtMechanic/Wikimedia Commons; p. 11 SuperStock/Getty Images; p. 13 (bottom) FPG/Hulton Archive/Getty Images; p. 16 Shirtwaist/Wikimedia Commons; p. 21 Victoria Lipov/ Shutterstock.com; p. 22 Everett Historical/Shutterstock.com.

ISBN 9781725316003 (pbk.)
ISBN 9781725316010 (eBook)

Manufactured in the United States of America

CPSIA Compliance Information: Batch #CG19WL: For further information contact Rosen Publishing, New York, New York at 1-800-237-9932.

CONTENIDO

DEL CAMPO A LAS FÁBRICAS

Cuando los primeros colonos comenzaron a **inmigrar** a Estados Unidos, se encontraron con mucha tierra que pronto se convirtió en granjas. Durante muchos años, la economía de Estados Unidos dependió de la agricultura. La vida en Estados Unidos estaba centrada en las granjas. Esto significaba que las heladas, inundaciones u otras causas naturales podían destruir los cultivos y dañar la economía.

En los años 1800, la Revolución Industrial, que había comenzado en Gran Bretaña a mediados del siglo XVIII, comenzó a afianzarse en Estados Unidos. El descubrimiento de nuevas fuentes de energía, como la originada del vapor y la electricidad, hizo que la producción de bienes fuera más rápida y eficiente. A medida que la Revolución Industrial se extendió por todo Estados Unidos, la gente comenzó a emigrar de las granjas a las ciudades, las cuales se convirtieron en los centros de la industria estadounidense.

Fábricas como las que se muestran aquí eran comunes en las ciudades estadounidenses durante la Revolución Industrial. Las personas emigraron de las granjas e **inmigraron** desde otros países para encontrar trabajo en las fábricas estadounidenses de la época.

AL OTRO LADO DEL ATLÁNTICO

Gran Bretaña fue la cuna de la Revolución Industrial. Las invenciones que vinieron de Gran Bretaña, como la **hiladora Jenny** de James Hargreaves y la mejorada máquina de vapor de James Watt, cambiaron para siempre la forma de producción de bienes.

Las mejoras a la hiladora Jenny, que se ve aquí, ¡permitieron que la gente pasara de girar ocho hilos a girar 80 hilos a la vez!

Las industrias crecían en Gran Bretaña y en toda Europa, pero la vida no mejoraba para todos los que vivían ahí. La Revolución Industrial superpobló las ciudades, y las condiciones de vida no eran saludables. Muchos dejaron Europa para buscar trabajo y una vida mejor en Estados Unidos una vez que la Revolución Industrial se extendió al otro lado del Atlántico. De 1840 a 1860, cerca de 4 millones de inmigrantes llegaron a Estados Unidos desde Gran Bretaña, Irlanda y Alemania.

Esta pintura del siglo XIX muestra el humo que sale de las fábricas en Gran Bretaña durante la Revolución Industrial.

CAMBIOS EN EL ALGODÓN

Después de que la Revolución Industrial comenzara en Gran Bretaña, no tardó mucho en extenderse a Estados Unidos. A finales de los años 1700, los estadounidenses empezaron a sentirse cada vez más entusiasmados con lo que podían hacer las máquinas. Tanto los inmigrantes como los que habían nacido en Estados Unidos contribuyeron al crecimiento de la industria nacional.

Samuel Slater era un inmigrante británico. Slater construyó en 1970 en Pawtucket, Rhode Island, la primera fábrica de **textiles** accionada por agua. El molino de Slater usaba máquinas para hilar algodón y se conoce como la primera fábrica real de Estados Unidos. En 1793, un hombre de Nueva Inglaterra llamado Eli Whitney inventó la desmotadora de algodón, que limpiaba el algodón quitando sus semillas. Estos hombres y sus invenciones contribuyeron al crecimiento del sistema de fábricas de Estados Unidos.

La desmotadora de Whitney ayudó a que el algodón se convirtiera en un cultivo muy importante en el sur. Esto llevó a un aumento en el número de esclavos requeridos para recoger el algodón y usar la desmotadora.

MIGRANDO A LAS CIUDADES

Las ciudades comenzaron a crecer a medida que la Revolución Industrial se afianzaba en Estados Unidos. La gente comenzó a migrar de las zonas **rurales** para encontrar trabajo en las ciudades.

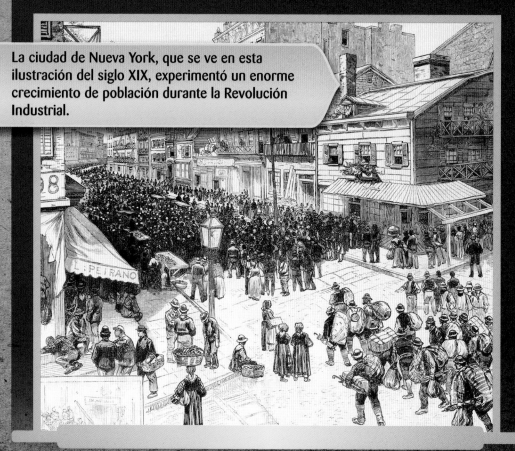

La ciudad de Nueva York, que se ve en esta ilustración del siglo XIX, experimentó un enorme crecimiento de población durante la Revolución Industrial.

La invención de maquinaria, como el tractor, hizo la agricultura más rápida y económica, lo cual eliminó el trabajo de muchos trabajadores agrícolas. Ellos buscaron trabajo en acerías, fábricas textiles y otras industrias. Estas industrias a menudo se concentraban en ciudades, como Nueva York, Pittsburgh, Boston y Chicago. No se necesitaban muchas habilidades para la mayoría de los trabajos de fábrica. Por ello, los antiguos trabajadores agrícolas encontraron trabajo en las fábricas, a pesar no tener experiencia con las máquinas.

Pittsburgh se conocía como la "Ciudad de Acero" debido a las acerías que se construyeron ahí durante la Revolución Industrial.

LA VIDA DESPUÉS DE LA ESCLAVITUD

Durante la Revolución Industrial, las ciudades del norte de Estados Unidos se convirtieron en lugares de oportunidad para los afroamericanos que alguna vez habían sido esclavos. Muchas personas de **ascendencia** africana que habían sido esclavos en el sur migraron al norte después de ser liberados oficialmente en 1865.

Algunos abandonaron el sur para escapar del sistema de aparcería, porque generalmente terminaban **endeudados** con sus antiguos dueños. Un aparcero es alguien que cultiva la tierra de otras personas. Se les da crédito por elementos como herramientas y semillas. En la cosecha, reciben como pago parte del valor del cultivo. Algunas de estas ganancias se utilizan para pagar el crédito. Otros antiguos esclavos abandonaron el sur porque fueron blanco de ataques. Esperaban encontrar una vida mejor trabajando en las fábricas del norte.

Muchos afroamericanos migraron a las ciudades del norte porque sentían que trabajar en las fábricas sería mejor que trabajar como aparceros.

EN MOVIMIENTO

Algunas invenciones que surgieron de la Revolución Industrial hicieron que la producción de bienes fuera más fácil. Otras mejoraron el transporte y la comunicación. Estas invenciones facilitaron la inmigración y la migración.

La **locomotora** de vapor se inventó en 1804. A lo largo de los años 1800, la instalación de varios sistemas ferroviarios en todo Estados Unidos ayudó a las personas a migrar por todo el país para trabajar. La gente podía moverse de un trabajo a otro. Además, la invención del barco de vapor hizo que fuera más rápido y más fácil que las personas inmigraran desde otros países.

Las invenciones del teléfono, el **telégrafo** y los métodos de impresión mejorados ayudaron a difundir información sobre oportunidades de empleo y oportunidades en nuevas fábricas. Durante la Revolución Industrial, la información y las personas se trasladaban de un lugar a otro más rápido que nunca.

Los ferrocarriles permitieron que los estadounidenses migraran en grandes cantidades a las ciudades en crecimiento. También permitieron que los inmigrantes viajaran desde los puertos de llegada a Estados Unidos a muchos otros lugares del país.

UNA VIDA DIFÍCIL

Si bien la Revolución Industrial creó muchos empleos nuevos en las fábricas, las condiciones de trabajo en esos lugares eran a menudo malas. Los trabajos en las fábricas eran generalmente aburridos y repetitivos. Las personas trabajaban doce o más horas al día, durante seis días a la semana. No les pagaban mucho por su trabajo.

Las fábricas eran sucias, oscuras e inseguras. Por ejemplo, un incendio en 1911 mató a 146 trabajadores en la fábrica Triangle Shirtwaist en la ciudad de Nueva York. La única salida para esos empleados, en su mayoría mujeres, era una puerta cerrada con llave, por lo que no tuvieron manera de salir.

El trabajo infantil también era un problema. No era raro que niños de tan solo cinco años trabajaran en las fábricas. La mayoría del trabajo infantil en Estados Unidos fue finalmente prohibido en 1938 con la aprobación de la Ley de Normas Laborales Justas.

Durante la Revolución Industrial, los niños pasaban largas horas trabajando en condiciones inseguras en las fábricas. No iban a la escuela; sus familias necesitaban que ganaran dinero.

LLEGADA A ESTADOS UNIDOS

Los inmigrantes llegaron a Estados Unidos durante la Revolución Industrial porque lo veían como una tierra de nuevas oportunidades. A menudo intentaban escapar de una vida dura en Europa o en otras partes del mundo. Sin embargo, la vida que muchos encontraron en Estados Unidos también fue difícil. Muchos inmigrantes tenían poco dinero. A menudo vivían en edificios abarrotados y sucios llamados vecindades.

Antes de 1880, la mayoría de los inmigrantes provenían de países del oeste y del norte de Europa, como Alemania, Irlanda, Gran Bretaña y Suecia. Después de 1880, a medida que los viajes y las comunicaciones se hacían más fáciles, los inmigrantes provenían de países del sur y del este de Europa, como Italia, Polonia y Grecia. Estos inmigrantes, a menudo encontraron trabajo en las fábricas de las ciudades más grandes de Estados Unidos y comenzaron a construirse una vida en su nuevo país.

De 1866 a 1915, alrededor de 25 millones de inmigrantes llegaron a Estados Unidos. A menudo vivían en grandes ciudades como Nueva York, vista acá alrededor de 1900.

19

PERMANECER UNIDOS

La vida no fue fácil para los inmigrantes en Estados Unidos durante la Revolución Industrial. Tuvieron que lidiar con la **persecución**, los bajos salarios y en ocasiones con el trato violento antes de ser aceptados por la sociedad estadounidense.

Muchos inmigrantes intentaron mantener las **tradiciones** de su patria de origen. Celebraban las fiestas tradicionales, leían los periódicos en su lengua nativa y comían alimentos **étnicos**. A menudo se establecían en comunidades con otros inmigrantes de su misma ascendencia. Estos barrios tenían nombres como Little Italy (Pequeña Italia) o Little Poland (Pequeña Polonia), por los lugares de donde provenían los inmigrantes. Aunque muchos inmigrantes intentaron aprender inglés para ayudarse en su trabajo, seguían hablando su lengua materna en casa. Permanecer unidos en este nuevo país ayudó a los inmigrantes a sentirse menos solos y más conectados con sus raíces **culturales**.

El barrio Little Italy de la ciudad de Nueva York era un lugar donde los inmigrantes italianos podían preservar sus tradiciones en Estados Unidos. Todavía hoy es conocido por sus raíces italianas.

UN PODER INDUSTRIAL

Cuando la Revolución Industrial llegó a Estados Unidos, la gente de este país estaba abierta a nuevas ideas y maneras de hacer las cosas. Esto dio a Estados Unidos una gran ventaja en la Revolución Industrial.

La Revolución Industrial cambió para siempre a la nación. Hacia 1900 se había convertido en una potencia líder industrial. Entonces, más que nunca, las personas migraban a las ciudades estadounidenses. Los inmigrantes llegaban en grandes cantidades. Las nuevas invenciones hacían la vida más fácil para las personas de todo el país. La Revolución Industrial fue uno de los momentos más importantes de la historia del país; y este período ayudó a Estados Unidos a convertirse en el país poderoso que es hoy.

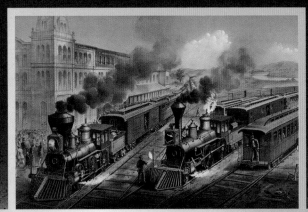

GLOSARIO

ascendencia: el origen de una persona en términos de su familia y nacionalidad.

cultural: todo lo que tiene que ver con las creencias y formas de vida de un grupo de personas.

endeudado: la situación o el estado de deber dinero.

emigrar: dejar un país o región para vivir en otro lugar.

étnico: perteneciente a un determinado grupo de personas que, a veces, tiene una cultura diferente a la cultura principal de un país.

hiladora Jenny: una máquina que usa más de un husillo a la vez para hilar el hilo de algodón.

inmigrar: llegar a un país para vivir ahí.

locomotora: el vehículo que produce la energía que jala un tren.

persecución: el acto de ser tratado de manera cruel o injusta, especialmente por motivos de raza, cultura o creencias.

rural: perteneciente o relativo al campo.

telégrafo: un sistema de envío de mensajes a largas distancias mediante el uso de cables y señales eléctricas.

textil: lo que se refiere a las telas industriales o tejidas a mano.

tradición: una creencia o manera de hacer las cosas que se transmite por generaciones.

ÍNDICE

LISTA DE FUENTES PRINCIPALES

Página 7. *Coalbrookdale by Night*. De Philip James de Loutherbourg. 1801. Óleo sobre tela. Ahora se encuentra en el Science Museum, Londres, Reino Unido.

Página 16. *El incendio de la fábrica Triangle Shirtwaist*. Autor desconocido. Fotografía original tomada el 25 de marzo de 1911. Publicado por primera vez en la portada de *The New York World*, el 26 de marzo de 1911.

Página 17. *"Carrying-in boy" in Alexandria Glass Factory, Alexandria, Virginia*. De Lewis Wickes Hine. Junio de 1911. Fotografía. Ahora se encuentra en la División de Grabados y Fotografía de la Biblioteca del Congreso, Washington, D. C.

Página 19. *Mulberry Street, New York City*. Publicado por Detroit Publishing Co. ca. 1900. Impresión a color a partir de un negativo en blanco y negro. Fotografía. Ahora se encuentra en la División de Grabados y Fotografía de la Biblioteca del Congreso, Washington, D.C.